**apple**

**1** ✏️ Write.

 **a**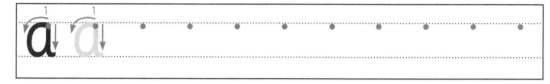

 **A**

**2** ✏️ Circle a and A.

**3** ✏️ Look, match, and write.

alphabet       cat       apple       table

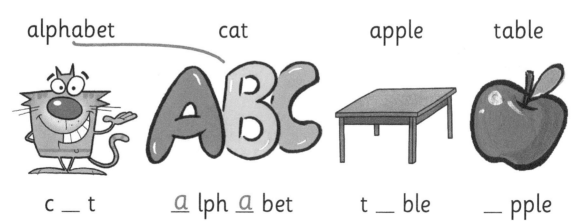

c _ t       a lph a bet       t _ ble       _ pple

**book**

**1** ✏️ Write.

 b b

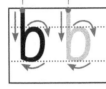 B B

**2** ✏️ Circle and match b and B.

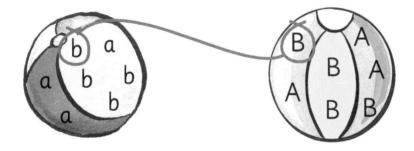

**3** ✏️ Look, match, and write.

ball     bat     bag     banana

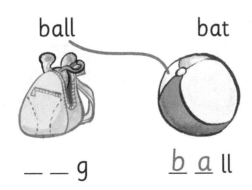

_ _ g     <u>b a</u> ll     _ _ n _ n _     _ _ t

cat

**1**  Write.

 C C C

 C C C

**2** Look and color.

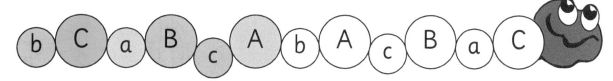

b C a B c A b A c B a C

**3** Write the first letter.

a

I can write ...  Aa Bb Cc

3

**dog**

**1** ✏️ Write.

d

D

**2** ✏️ Color the "d" words.

　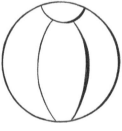　　　

dog　　　ball　　　doll　　　door　　　bus

**3** ✏️ Circle and write.

b （c）　　　b  d　　　b  d　　　c  d

c ar　　　_ ike　　　_ og　　　_ oll

4

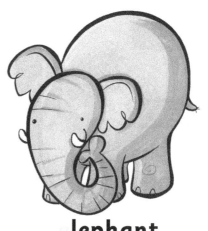

**lephant**

**1**  Write.

| **e** | 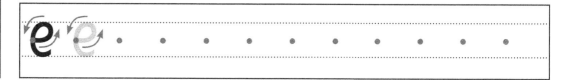 |
| **E** | 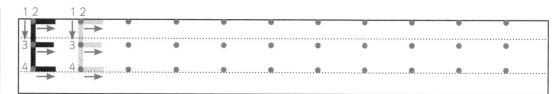 |

**2** Circle and match e and E.

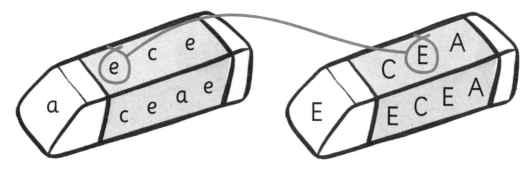

**3** Look, match, and write.

pen     eraser     elephant     seven

_ l _ ph _ nt     p e n     s _ v _ n     _ r _ s _ r

5

**fish**

**1** ✏️ Write.

 f

 F

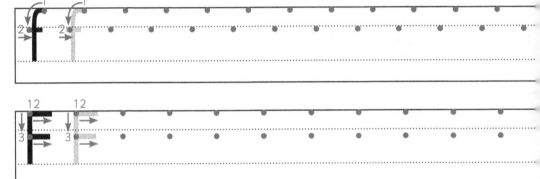

**2** 🔍 ✏️ Look and color.

**3** ✏️ Write the first letter.

 d    ☐    ☐   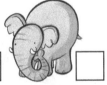 ☐    ☐    ☐

**I can write ...**  Dd  Ee  Ff

**guitar**

**1** ✏️ Write.

g

G
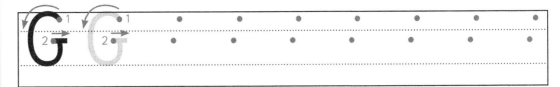

**2** ✏️ Circle and match g and G.

g f g e f e g e f g f g
E G F E G F E G F G G F

**3** ✏️ Look, match, and write.

guitar          bag          dog          green

_ o _          _ r _ _ n          g uit a r          _ _ _ _

7

**hippo**

**1** Write.

h h h

H H H

**2** Circle and match h and H.

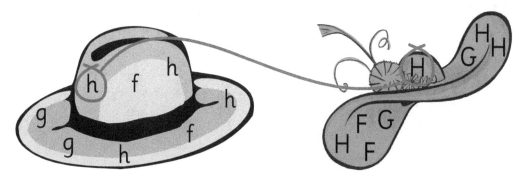

**3** Circle and write.

| c | h | i | p | p | o | d |
|---|---|---|---|---|---|---|
| h | f | h | e | h | a | o |
| a | d | a | f | a | b | r |
| n | g | t | h | r | c | e |
| d | h | o | r | s | e | l |
| h | a | l | l | w | a | y |

_h_ and

__ ippo

__ allway

__ orse

__ at

**igloo**

**1**  Write.

 i

 I

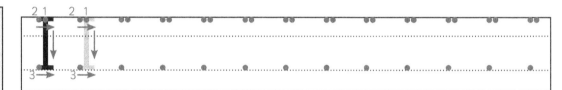

**2**  Look and color.

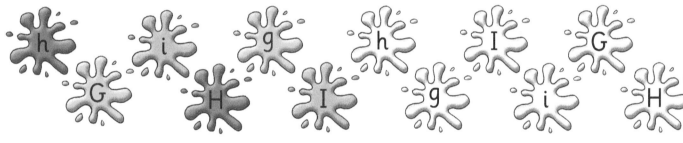

**3** ✏ Match and write.

9      5      8      6

s _ x      n <u>i</u> ne      f _ ve      e _ ght

**I can write ...**       Gg       Hh       Ii

jacket

**1** 🖊 Write.

**2** 🖊 Circle and match j and J.

j i h i j j i h j h i j

H J I J I H J H J I J I

**3** 🖊 Complete.

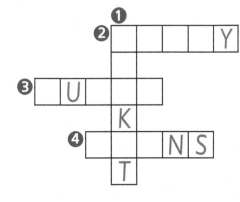

JACKET     JELLY     JUICE     JEANS

 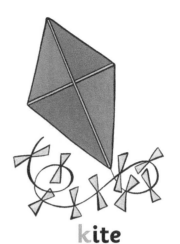 

**k**ite

**1**  Write.

 **k**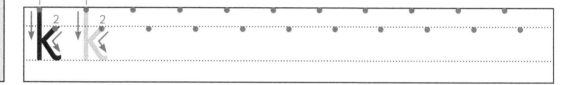

 **K**

**2**   Color the words with "k."

snake          book          ice cream          monkey

**3**   Match and write.

i k          a k          k i          a k

M <u>a</u> s <u>k</u> man      b _ _ e      c _ _ e      _ _ te

11

leg

**1** ✏️ Write.

l

L

**2** ✏️ Look and color.

ghijkl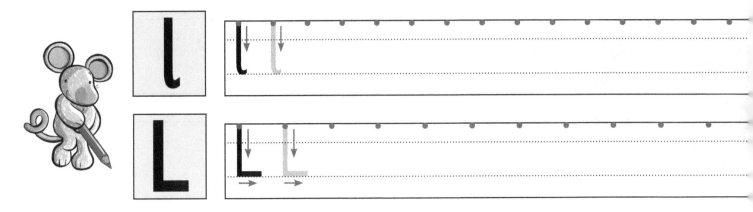

**3** ✏️ Match and write.

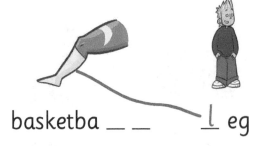  

basketba _ _          l eg          A _ ex          b _ ue

I can write ...           Jj           Kk           Ll

**mouse**

**1** Write.

| m | m  m |
| M | M  M |

**2** Circle m and M.

monkey   Marie   Mrs. Star   mouth   Maskman   motorcycle

**3** Write.

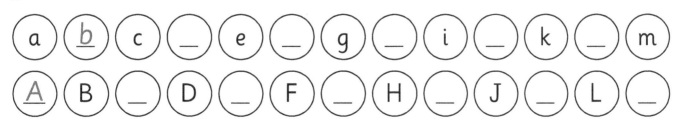

a  b  c  _  e  _  g  _  i  _  k  _  m

A  B  _  D  _  F  _  H  _  J  _  L  _

# My alphabet

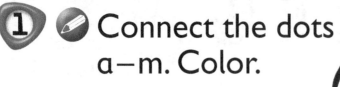

**1** ✏ **Connect the dots a–m. Color.**

Hi!

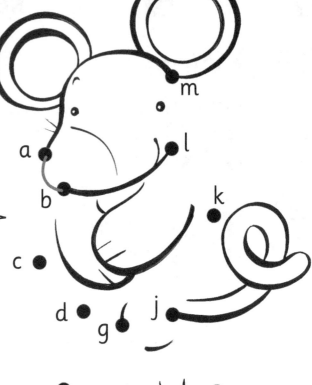

**2** ✏ **Circle and write.**

| f | i | s | h | a | a |
|---|---|---|---|---|---|
| c | e | d | m | j | p |
| k | b | o | o | k | p |
| h | d | g | f | i | l |
| a | i | m | l | t | e |
| j | a | c | k | e | t |

k _ t _

_ _ _ _ _ _ t

_ pp _ _ _

_ o _

_ oo _

_ _ s _

Aa Bb Cc Dd Ee Ff Gg Hh Ii Jj Kk Ll Mm

**nose**

**1** ✏️ Write.

**2** ✏️ Circle and match n and N.

n m h n h m n m n n h m

H M N M M M H N N M H N

**3** ✏️ Count, match, and write.

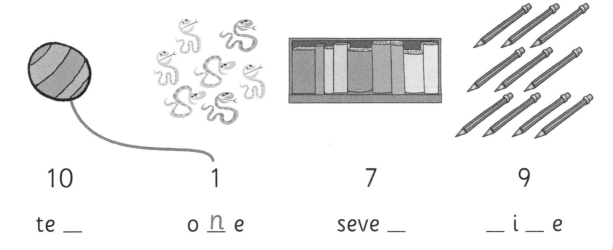

10          1          7          9

te __      o _n_ e    seve __    __ i __ e

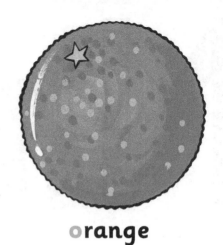

**o**range

## 1 ✏️ Write.

 O O

 O O

## 2 ✏️ Circle and match.

2
1

4
0

## 3 ✏️ Look, match, and write.

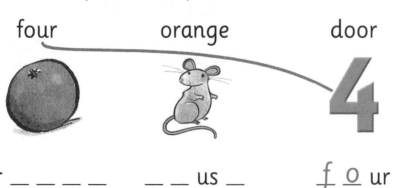

four        orange        door        mouse

_ r _ _ _ _        _ _ us _        f̲ o̲ ur        _ _ _ r

pink

**1**  Write.

**2** Circle and match p and P.

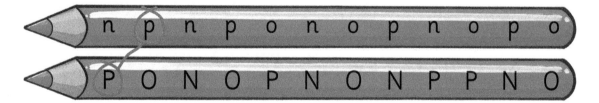

n p n p n p o n o p n o p o

P O N O P N O N P P N O

**3** Write the first letter.

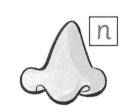 n

9

I can write ...

 Nn

 Oo

 Pp

queen

**1** ✏️ Write.

 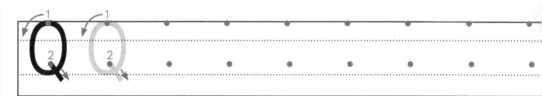

**2** ✏️ Circle and match q and Q.

q g q p q g p q p g p q

P Q G P Q P G Q Q G P

**3** ✏️ Look, match, and write.

queen    guitar    quick    goat

_ _ _ t    q u e e n    _ u _ t _ r    _ u _ _ _

18

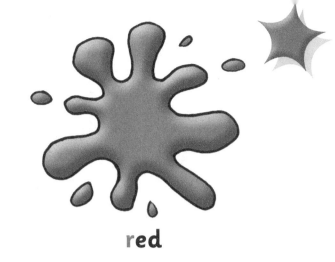

**red**

**1** ✏️ Write.

| r |  |
| R |  |

**2** ✏️ Circle r and R.

**3** ✏️ Complete.

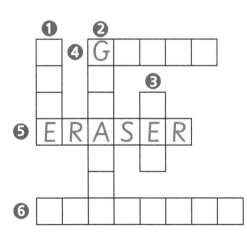

⑤ E R A S E R

**1**
RIDE

**2**
GIRAFFE

**3**
RED

**4**
GREEN

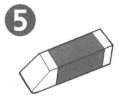
**5**
ERASER

**6**
ICE CREAM

**star**

**1**  Write.

**S**

**S**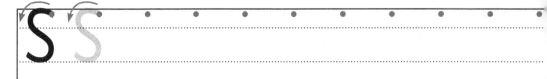

**2**  Color the "s" words.

**3** Match and write.

<u>S</u> kirt          _ hoe _                    T-_ hirt          _ ock _

**I can write ...**

20

**t**able

**1**  Write.

 t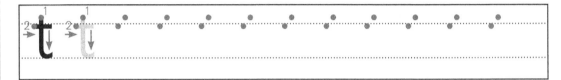

 T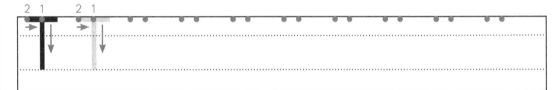

**2** 🔍✏️ Look and color.

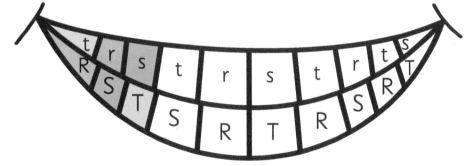

**3** ✏️ Look, match, and write.

tiger    truck    train    table

_ _ _ _ _    _ _ _ _ _    t i g e r    _ _ _ _ _

21

**umbrella**

**1**  Write.

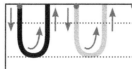

**2** Look and circle the "u" words.

mouthqueenbusmousecomputerfourguitar

**3** Write and color.

Maskman has a
p _ rple g _ itar.

Sally has a
bl _ e _ mbrella.

van

**1** Write.

**2** Circle v and V.

 u W v V u V w v u W v u V U V v

**3** How many? Count and write.

five _ _ _ _ _

_ _ _ _ _ _        _ _ _ _ _

I can write ...

23

**w**indow

**1** ✏️ Write.

| **W** |  |
| **W** |  |

**2** ✏️ Look and color.

rstuv**w** **USWVTR**

**3** ✏️ Match and write.

window

white

two

swim

_ _ _ _

_ _ _ _ _ _

**2**

t w o

24

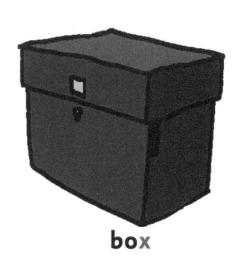

**box**

**1**  Write.

**2** Circle and match x and X.

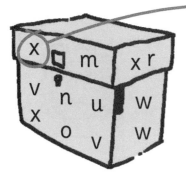 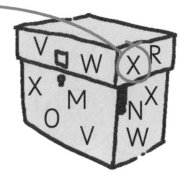

**3** Circle and write.

```
W S I X T
F V K N A
O A L E X
X K M T I
P B O X L
```

— — —

— — — —

F O X

25

yellow

**1** ✏️ Write.

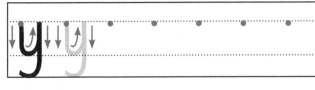

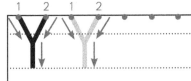

**2** ✏️ Circle the words with "y." Match.

yoyo    guitar    eye    happy    sad

**3** ✏️ Write the first letter.

p

zebra

**1**  Write.

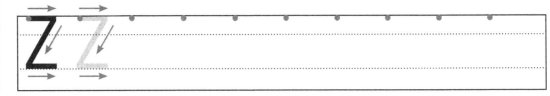

**2** Color the words with "z."

zebra

pizza

7
seven

0
zero

Suzy

**3** Write.

( n ) ( o ) ( p ) ( _ ) ( r ) ( _ ) ( t ) ( _ ) ( v ) ( _ ) ( x ) ( _ ) ( z )

( N ) ( O ) ( _ ) ( Q ) ( _ ) ( S ) ( _ ) ( U ) ( _ ) ( W ) ( _ ) ( Y ) ( _ )

**I can write ...**

# My alphabet

**1** ✏️ Connect the dots a–z. Color.

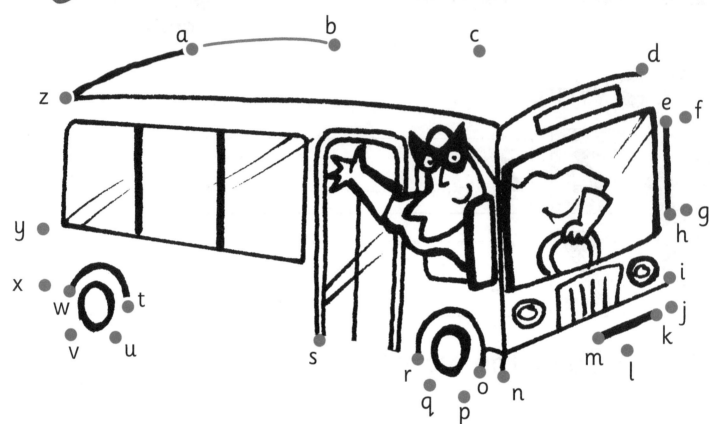

**2** ✏️ Find, write, and draw.

| 1 | 2 | 3 | 4 | 5 | 6 |
|---|---|---|---|---|---|
| c a t | s i h f | x b o | t i e k | o d g | r a t s |

c a t  _ _ _ _   _ _ _   _ _ _ _   _ _ _   _ _ _ _

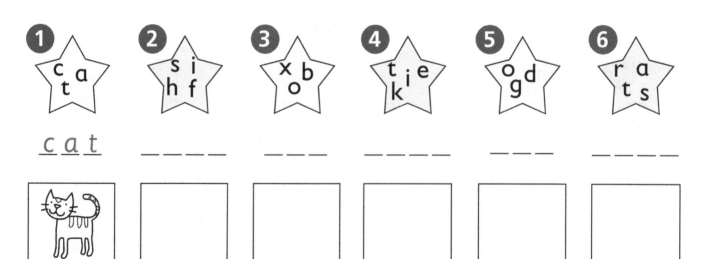

Aa Bb Cc Dd Ee Ff Gg Hh Ii Jj Kk Ll Mm N

**3** ✏️ Write the first letters. Make words.

1  <u>b o o k</u>

2  _ _ _ _

3  _ _ _ _

4  _ _ _

5  _ _ _ _

**4** ✏️ Match and write.

ye

bl

gr

r

pi

ue _____

llow _____

nk  <u>pink</u>

een _____

ed _____

# My words

**1** ✏️ Say the alphabet. Write and color.

A a
_ _ _ _

B b
_ _ _ _

C c
_ _ _ _

D d
_ _ _ _

E e
_ _ _ _

F f
_ _ _ _

G g
_ _ _ _

H h
_ _ _ _

I i
_ _ _ _

J j
_ _ _ _

K k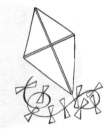
_ _ _ _

L l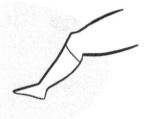
_ _ _ _

M m
_ _ _ _

Nn ____

Oo ____

Pp ____

Qq ____

Rr ____

Ss ____

Tt ____

Uu ____

Vv ____

Ww ____

Xx ____

Yy ____

Zz ____

# Puzzle page

**1** ✏️ Help Trevor find the pencils! Write and color A–Z.

| C | I | X | O | Y | Z | → Pencils |
| K | G | V | W | X | V |
| S | T | U | J | N | W |
| R | L | X | E | F | K |
| Q | P | O | M | G | B |
| R | A | N | M | L | H |
| M | X | Q | C | K | J |
| B | C | D | E | N | I |
| A | J | T | F | G | H |